16 Novembre 1885.

HOTEL DROUOT, SALLE Nº 5

Le Lundi 16 Novembre 1885, à 2 heures.

VENTE DE M. T. V.

ARCHITECTE

Mᵉ Henri LECHAT
COMMISSAIRE-PRISEUR
6, rue Baudin, 6

M. VANNES
EXPERT
54, Faubourg-Montmartre, 54

EXPOSITION PUBLIQUE

Le Dimanche 15 Novembre 1885

DE 1 HEURE 1/2 A 5 HEURES

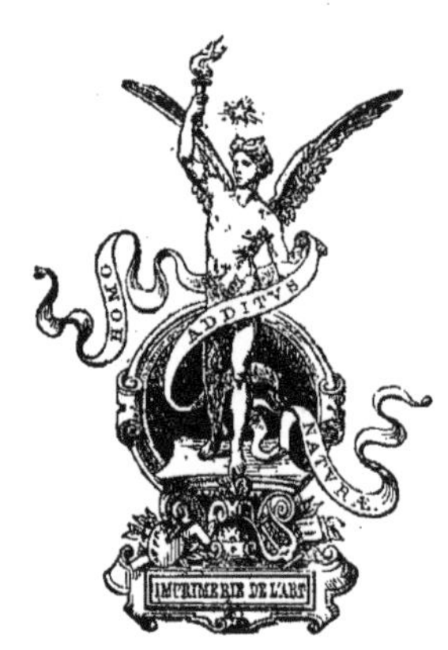

HOMO
ADDITVS
NATVRÆ
IMPRIMERIE DE L'ART

CONDITIONS DE LA VENTE

Elle sera faite au comptant.

Les adjudicataires payeront *cinq pour cent* en sus des enchères.

L'exposition mettant le public à même de se rendre compte de l'état des objets, aucune réclamation ne sera admise une fois l'adjudication prononcée.

Paris. — Imprimerie de l'Art. E. MÉNARD et J. AUGRY
41, rue de la Victoire.

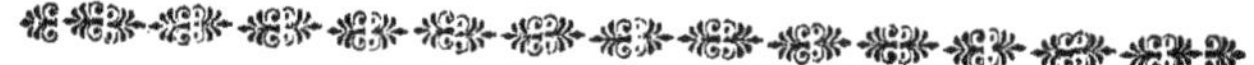

DÉSIGNATION DES OBJETS

LIVRES SUR L'ARCHITECTURE

1 — Architecture moderne, 1758. 2 vol. rel.

2 — Architecture de Patt (Mémoire sur l'architecture. 1 vol. rel., 1759.

3 — Théorie de l'art des jardins. Leipzig, 1779. 2 vol. rel.

4 — The Palace of architecture. 1 vol.

5 — Résidences royales et impériales. 1 vol.

6 — Flaxman. 2 vol. rel.

7 — L. Batissier, Histoire de l'art architectural. 1 vol. rel.

8 — Cité d'Autun. 1 vol. rel.

9 — Mazois, Palais de Scaurus. 1 vol. rel.

10 — Carrelages émaillés du Moyen-Age et de la Renaissance (E. Amé). 1 vol. rel.

11 — Architecture de Vitruve (Tardieu et Cousin). 2 vol. rel.

12 — Architecture de Vignole. Amsterdam, 1631 (en quatre langues). 1 vol. rel.

13 — Choix d'ornements (Émile Lecomte). 1 vol. rel.

14 — Parallèle des ordres d'architecture (De Chambray). 1 vol. rel.

15 — Manière de bien bâtir (Le Muet). 1 vol. rel.

16 — Traité de perspective, 1750. 1 vol. rel.

17 — Principes d'architecture, sculpture et peinture, par Félibien. 1 vol. rel.

18 — Lois des bâtiments (Lepage), 1808. 1 vol. rel.

19 — Philibert de l'Orme, 1561. 1 vol. relié.

20 — Monuments de Paris (Laugier de Vaugelos). 1 vol. rel.

21 — Lois des bâtiments (Goupi). 1 vol. rel.

22 — Architecture pratique de Bullet, par Séguin, 1792. 1 vol. rel.

23 — Histoire et caractère de l'architecture en France, par Château. 1 vol. rel.

24 — Dictionnaire des antiquités romaines et grecques (Antony Rich). 1 vol. rel.

25 — Histoire ancienne de l'Orient (F. Lenormant). 2 vol. rel.

26 — Description de Notre-Dame de Paris, par de Guilhermy et Viollet-le-Duc. 1 vol. rel.

27 — Histoire de l'architecture en France (Daniel Ramée). 1 vol. broché.

28 — Les plus excellents Bâtiments de France (Androuet Ducerceau). En feuilles.

29 — Entretien sur l'architecture (Viollet-le-Duc). Texte et atlas en livraisons.

30 — Dictionnaire du mobilier français, etc. (Viollet-le-Duc). Les six volumes en fascicules.

31 — Découvertes en Égypte et en Nubie, par G. Belzoni). Paris, 1822. 1 vol. cart.

32 — Peinture de la chapelle Saint-Maurice, à Saint-Sulpice, par Vinchon, 1823. 1 vol. rel.

33 — L'Église Saint-Jacques, à Liège. Liège, 1853. 1 vol. rel.

34 — Monuments et tombeaux d'Italie, par Clochar. Paris, 1815. 1 vol. rel.

35 — Églises, maisons, etc., par Ernest Kapp. Dresde, 1837. 1 vol. rel.

36 — Cathédrale de Fribourg, par Georg Maller. Damstadt. 1 vol. rel.

37 — Projet d'un arc de triomphe. Raymond, 1812. Br.

38 — Réunion du Louvre et des Tuilleries, Dubois, Paris, 1810. 1 vol. br.

39 — Grammaire de l'ornement, par Owen Dones. 1 vol. illustré de 100 planches.

40 — Le Bois de Boulogne architectural. 1 vol. rel.

41 — Mariette, Plans et édifices de Paris. 1 vol.

42 — Percier et Fontaine, Édifice moderne, 1 vol. rel.

43 — Winkles British cathedrale, 2 vol. rel.

44 — Angleterre, villes, châteaux, monuments, etc. 1 vol. rel.

45 — Les Ruines de Palmyre. 1 vol. rel.

46 — De Clarac, Musée de sculpture. 12 vol., 6 atlas, 6 texte, rel.

47 — Dictionnaire d'architecture, par Viollet-le-Duc, 10 vol.

48 — Manuel du bâtiment. Société centrale des architectes. 7 vol. 1879.

49 — Dictionnaire des termes d'architecture, par Daniel Ramé. 1 vol. rel. 1868.

50 — L'Architecture et la Construction, par Daniel Ramé. 1 vol. rel. 1868.

51 — Histoire de l'architecture, par Daniel Ramé. 2 vol. rel. 1860.

52 — Administration de la commune de Paris, par G. Le Berquier. 1 vol. rel.

53 — Grammaire des arts du dessin, par Charles Blanc. 1 vol.

54 — Le Palais du Luxembourg, par de Gisors. 1 vol.

55 — Cahiers d'instruction. 1 vol. rel.

56 — Statues antiques. 1 vol. rel.

57 — Les Cathédrales de France, par l'abbé J. Bourassé. 1 vol. rel.

58 — Les plus belles églises du monde. 1 vol. rel.

59 — Histoire de l'architecture, par Hope, traduit par Buron. 2 vol.

60 — La Danse macabre, 1 vol.

61 — Architecture de Sébastien Serlio. Venise, 1584. 1 vol. rel. en parchemin.

62 — Croisées gothiques d'Angleterre. 1 vol. rel.

63 — Les Arts au Moyen-Age, par Paul Lacroix. 1 vol.

64 — L'Architecture et les arts qui en dépendent, par Gailhabaud. 4 vol.

65 — Monuments anciens et modernes, par Gailhabaud. 4 vol.

66 — Architecture civile et domestique, par Verdier et Catois. 2 vol. rel.

67 — Album de Villard de Gonnecourt, par Lassus. 1 vol.

68 — Architecture de L. B. Alberti. 1553. 1 vol. rel.

69 — Curiosités de Rome. Paris, 1655. 1 vol. rel.

70 — Les Merveilles de la ville de Rome, 1665. 1 vol. rel. en parchemin.

71 — Vitruve. Florence, 1522. 1 vol. rel. en parchemin.

72 — Règle des cinq ordres d'architecture, par Vignole. Paris, 1665. 1 vol. rel. en parchemin.

73 — Essai sur l'architecture. Paris, 1753. 1 vol. rel.

74 — Partie basse.

75 — Recueil et parallèle des édifices, etc., par Durand. Paris, an IX, 1 vol. rel.

76 — L'Art du menuisier, par Rambo le fils, compagnon menuisier. 6 vol. (publiés en 1769-70-71-72-74 et 1775). Belle reliure.

77 — Architecture gothique, par Ungewitter. Leipzig, 1856, 1 vol. rel.

78 — Architecture toscane, par Granjean, 1846. 1 vol. rel.

79 — Le Livre d'architecture des cinq ordres, par Wendel Dietterlin. 2 vol.

80 — Architecture de Vitruve. Milan, 1521, 1 vol. rel. en parchemin.

81 — Projet de maison de ville et de campagne (gothique). 1 vol.

82 — Description de l'Hôtel des Invalides. Paris, 1756, 1 vol. rel.

83 — Villa Pamplia, etc. 1 vol. rel.

84 — Traité d'architecture, par L. Régnaud. 4 vol. rel. (2 albums et 2 texte).

85 — Errori de gli architetti. Venise, 1767, 1 vol. rel. en parchemin.

86 — 2 vol. Monographie du palais de Fontainebleau, par Phnor (1re édition 1841).

87 — Principes du style gothique. 2 vol. rel. (1 atlas et 1 texte).

88 — Fragments d'architecture et de sculpture, par Bourgerel. 1 vol. rel.

89 — Monographie du château de Heidelberg, par Phnor et D. Ramé. 1 vol. rel.

90 — Projet d'architecture, par Payre. 1 vol. rel.

91 — Villa et maison, par Isabey et Leblanc. 1 vol. rel.

92 — Recueil de décoration intérieure, par Percier et Fontaine. 1 vol. rel.

93 — Souvenir du vieux Paris. 1 vol. rel.

94 — Mélange d'ornements, par Leconte. 1 vol. rel.

95 — Palais, maisons et vues d'Italie, par Clochar. 1 vol. rel.

96 — L'Architecture en Suisse, par Varin. 1 vol. rel.

97 — Album de la vie de César. 1 vol. br.

98 — Rapport sur les pénitenciers des États-Unis, par Blonet. 1 vol. br.

99 — Projet de prison cellulaire, par Blonet. 1 vol. br.

100 — Traité de perspective linéaire, par Choquet. 1 vol. br.

101 — Traité de la chaleur, par Péclet. 2 vol. br.

102 — Rome, architecture antique (atelier de M. Achille Leclère). 1 vol. rel.

103 — Sainte-Chapelle de Paris, par V. Caillat, 1857. 1 vol. rel.

104 — Les 10 livres d'architecture de Vitruve, par Perrault, 1684. Paris, 1 vol. rel.

105 — Architectura universale de Vincenzo Scamozzi. Venise, 1615, 1 vol. rel.

106 — Crispian de Paz. Utrecht, 1 vol. rel. en parchemin.

107 — L'Architecture de Vauter. Paris, 1743, 1 vol. rel.

108 — Theatrum instrumentorum et machinorum, 1578. 1 vol. rel.

109 — Le Fontane di Roma, etc. 1 vol. rel. (107 très belles planches).

110 — Les Constructions en briques, par Degen, 1864. 1 vol. rel.

111 — Rapport, compte rendu, mémoires sur le château d'Anet, etc., par Lenoir. 1 vol.

112 — Parallèle des Salles rondes de l'Italie, par Isabelle, 1863. 1 vol.

113 — Groupes d'enfants, etc., etc., par Delaunaye. 1 vol.

114 — Les Portes de Francines, suivant les règles de l'architecture, 1629. 1 vol. rel.

115 — 100 vues antiques de la cité de Rome, 1793. 1 vol. rel.

116 — Description, etc., des anciens monuments d'Angleterre, par G. Britton. 1 vol. rel.

117 — Architecture civile. Nuremberg. 1 vol. rel.

118 — Cathédrales de France, par Chapuy, 1826. 2 vol.

119 — Habitations champêtres, par V. Petit. 1 vol. rel.

120 — Architecture pittoresque (châteaux des xve et xvie siècles), par V. Petit. 1 vol. cart.

121 — Du Génie de l'architecture, par J. A. Cousin, 1822. 1 vol. rel.

122 — Sammlung Burchersohn, Alterthumer, etc.
1 vol. rel.

123 — Description, etc., et vues de Dijon, 1830.
1 vol. cart.

124 — Vignole des Ouvriers, 3e partie, par Lenor-
mand, 1831. 1 vol. cart.

125 — Cours d'architecture de Daviler, par Mariette, 1733. 1 vol. rel.

126 — Hameau Boileau, à Auteuil. 1 vol. cart.

127 — Vues de Provins, 1822. 1 vol. cart.

128 — Études d'ombres, par L'Éveillé, 1812. 1 vol.

129 — Description de l'Arc de triomphe de l'É-
toile, 1810. 1 vol.

130 — Le Cours élémentaire d'architecture, par
Tumloup, 1842. 1 vol. rel.

131 — Hôtel de Ville de Paris, par Caillat, 1844.
1 vol.

132 — Hôtel de Ville de Paris, décoration intérieure,
par Caillat, 1876. 1 vol. rel.

133 — Paris et ses monuments, par Ballard, an XI
et 1803. 1 vol. rel.

134 — Les Édifices circulaires et les Dômes, par
Isabelle. 1 vol.

135 — Paris et ses monuments, par Baltard, an XIII
et 1805. 1 vol. rel.

136 — Choix des plus célèbres maisons de plaisance de Rome, par Percier et Fontaine, 1809. 1 vol. rel.

137 — Château de Marly-le-Roi, par Guillemot. 1 vol. rel.

138 — Monographie de Notre-Dame de Paris, etc. 1 vol. rel.

139 — Église Saint-Eustache, à Paris, par V. Caillat, 1850. 1 vol. rel.

140 — Description des bains de Titus, 1786, et arabesques des bains de Livie, 1789. 1 vol. rel.

141 — Cours d'architecture, par Durand. 3 vol. rel. en parchemin.

142 — Rome moderne. 2 vol., belle reliure.

143 — Bibliothèque d'architecture. Vignole. 1 vol. rel.

144 — Bibliothèque d'architecture. Palladio. 1 vol. rel.

145 — Bibliothèque d'architecture. Scamozzi. 1 vol. rel.

146 — Traité d'architecture pratique, par G. F. Mauroy. 1 vol. rel.

147 — L'Art de lever les plans. 1 vol. rel.

148 — Recueil sur la voirie, par Davenne. 2 vol. br.

149 — Itinéraire archéologique de Paris, par de Guilhermy, 1 vol. rel.

150 — Des habitations des classes ouvrières. 1851. 1 vol. rel.

151 — Des établissements de bienfaisance. 1851. 1 vol. rel.

152 — Architecture de Antoine Lepautre, etc., 1 vol. rel.

153 — Cours d'architecture, par François Blondel. 1675. 2 vol. rel.

154 — Les Quatre livres d'architecture, d'André Palladio, mis en français. 1650. 1 vol. rel.

155 — Application de la perspective linéaire aux arts du dessin. 1 vol. rel.

156 — Constructions en bois, par Degen. 2 vol. rel.

157 — Règle des cinq ordres d'architecture, par Vignole. In Roma, 1602. 1 vol., reliure en parchemin.

158 — Les Secrets d'architecture, par Mathurin Gousse. 1642. 1 vol. rel.

159 — Projet de révision du Manuel des lois du bâtiment. 1 vol. br.

160 — Annales de la Société des architectes, 1874-1875. 2 vol. br.

161 — Congrès international des architectes, 1878. 1 vol. br.

162 — Annuaire de l'architecture, par Adolphe Lance. 1864. 1 vol. br.

163 — Manuel de l'histoire générale de l'architecture, par Daniel Ramé, 2 vol. br.

164 — Manuel de la salubrité, par A. Martel. 1 vol.

165 — Les Délices de l'Italie. Amsterdam, 1743. 4 vol. rel.

166 — Conférence internationale (Société des architectes. 1867. 1 vol. br.

167 — Description di Milano. Milan, 1737. 5 vol., reliure en parchemin.

168 — Histoire de Blois. 1 vol. br.

169 — Les Raretés de l'architecture de la cité de Vicenza. 1804. 1 vol. cart.

170 — Dictionnaire des artistes. 1831. 1 vol. br.

171 — Dictionnaire du constructeur. 1 vol. br.

172 — Traité des ponts, par Gautier. 1765. 1 vol. br.

173 — Maisons de campagne et Châteaux, par Gluysenaar. 1 vol. rel.

174 — Églises de Bourges et Villages, par Baudot. 2 vol. rel.

175 — Plans des hôpitaux de Paris. 1820. 1 vol. rel.

176 — Traité de perspective. 1725. 1 vol. rel.

177 — Nombreuses gravures : les monuments de Paris, châteaux de France, etc., etc.

OBJETS DE COLLECTION

178 — Jardinières en vieux Rouen à la corne.

179 — Petits plats en vieux Rouen à la corne.

180 — Deux cadres d'époque Louis XV, en bois sculpté et doré.

181 — Beau dessin : Vue du Pont-Neuf. Époque Louis XV.

182 — Quarante et une médailles en bronze sur les plus belles cathédrales d'Europe.

183 — Collection de pierres dures taillées et polies, agates herborisées, turquoises, cornaline, quartz, cristaux, rubaz, etc., etc.

184 — Intailles anciennes et modernes.

185 — Six panneaux d'agates sous verre.

186 — Soixante-dix verres de Venise et de Bohême.

OBJETS D'ART DE LA CHINE ET DU JAPON

187 — Nombreux albums japonais, manuscrits et imprimés. (Sera divisé.)

OBJETS DE COLLECTION

188 — Collection de boîtes de médecin en laque ancien du Japon et bois sculpté. (Sera divisé.)

189 — Collection de tabatières de Chine anciennes et modernes en verre, porcelaine, cristal de roche et jade. (Sera divisé.)

190 — Collection de 41 pipes japonaises en métal ciselé et gravé.

191 — Collection de neskés anciens et modernes, en ivoire finement sculpté. (Ce lot sera divisé.)

192 — Boîtes en laque de Pékin. Travail au couteau.

193 — Petits bronzes du Japon.

194 — Deux boules en cristal de roche.

195 — Paires de coupes en Satzuma.

196 — Paires de théières en porcelaine de Chine.

197 — Paire de vases en vieux Satzuma.

198 — Plaquettes en jade sculptées et gravées.

199 — Beau vase rouleau, à arabesques d'émail bleu sur couverte blanche.

200 — Vase de forme turbinée, gravé, couverte moutarde.

201 — Petit brûle-parfums en bronze.

202 — Potiche à couvercle en porcelaine du Japon, à écussons laqués.

203 — Deux coffrets en laque du Japon,

204 — Paire d'assiettes à fond jaune et bords dentelés, du Japon.

205 — Assiette en faïence de Kutagny.

206 — Porte-plume en cristal de roche.

207 — Joli vase en faïence de Satzuma. Genre vannerie.

208 — Beau bronze japonais : Crapaud portant un personnage.

209 — Agrafe de manteau en beau jade blanc sculpté.

210 — Coupe en jade blanc, finement gravée, et contenant en relief, intérieurement, la tortue sacrée, ornée sur le dos de deux pierres fines en cabochons.

211 — Deux jolies petites coupes en jade.

212 — Statuette religieuse en bronze du Japon.

213 — Deux statuettes en bois sculpté.

214 — Trois malles de prince en vieux laque du Japon.

215 — Quinze petites pièces diverses en porcelaine du Japon. (Sera divisé.)

216 — Petit bronze ancien du Japon, de forme hexagonale.

217 — Trois boîtes en ivoire sculpté.

218 — Cinq pièces de jade. (Sera divisé.)

219 — Beau flacon en jade gris, à annelets aux anses.

220 — Belle coupe en jade nephrite, richement sculptée de fleurs et sur pied en bois dur.

221 — Deux bouteilles à sakai en laque aventurine.

222 — Deux vases en forme de cornets, carrés, sur pieds en boules ajourées.

223 — Bel écran en bois de fer, incrusté de nacre et contenant au centre une plaque en porcelaine de Chine à personnages.

224 — Deux autres écrans de forme ronde.

225 — Deux autres de forme rectangulaire.

226 — Chat en faïence de Chine à couverte jaune de chrôme.

227 — Deux coqs en porcelaine blanche.

228 — Petite applique en porcelaine ancienne de Chine en bleu sur blanc.

229 — Deux plateaux carrés en faïence de Kutagny.

230 — Petite grue en bronze ancien.

231 — Beau plat en vieux Kutagny à pans.

232 — Groupe en blanc de Chine.

233 — Joli vase en bronze ancien à anses.

234 — Deux vases de forme. Échantillons.

235 — Autre beau vase en turquoise.

236 — Dix plats en porcelaine du Japon; décors
divers.

237 — Dix autres plats en faïences émaillées diverses.

238 — Deux vitrines en chêne blanc à deux vantaux,
vitrées de glaces, avec soubassement.

239 — Deux autres semblables à un vantail.

240 — Trois autres à un vantail, vitrées et à soubas-
sements.

241 — Deux meubles en chêne à usage de collection,
à quinze tiroirs chacun.

242 — Deux vitrines en chêne, à panneaux vitrés.